MEL E DENDÊ

© 2023, Fátima Farias

Direitos da edição reservados à Libretos.
Permitida reprodução somente se referida a fonte.

Edição e design gráfico
Clô Barcellos

Capas
Fotos sobre tecido Sankofa Butik
Marco Nedeff

Revisão
Célio Klein

Grafia segue Acordo Ortográfico da Língua Portuguesa de 1990
adotado no Brasil em 2009. No entanto, por vezes, os versos foram
criados a partir da oralidade.

Fátima Farias está em
https://soundcloud.com/fatima-regina-farias
narrando alguns poemas desta obra.

Fátima Farias

Porto Alegre, 2023
(3ª reimpressão)

Dados Internacionais de Catalogação na Publicação:
Bibliotecária Daiane Schramm – CRB-10/1881

F224m   Farias, Fátima
           Mel e Dendê. / Fátima Farias. – Porto Alegre: Libretos,
3ª. reimp. 2023.
           104p.: 12x17cm – (Libretos Poche; v.9)
           ISBN 978-85-5549-064-4

           1. Literatura brasileira. 2. Poesia. 3. Movimentos sociais.
4. Slam. 5. Africanidade. I. Título. II. Série.
                                                                         CDD 869

Libretos
Rua Peri Machado, 222/B 707
Bairro Menino Deus, Porto Alegre
90130-130

www.libretos.com.br
libretos@libretos.com.br

uando a palavra nos visita de madrugada, encontrando a porta aberta, entra e se sente bem à vontade. Ela chega com uma mistura de aconchego, consolo, solidão e saudade. Porém, não gosta de receber adjetivos que justifiquem sua visita um tanto quanto repentina. Prefere que eu diga: ela veio, e fim.

Sempre fui para a palavra uma boa anfitriã, fiel admiradora. Uma verdadeira fã, tanto que às vezes com ela converso, como se ali estivesse em corpo físico. A palavra me dá juízo, me deixa com os pés no chão, me ouve, fazendo com que eu não cometa loucuras em frases soltas sem pensar. Eu diria até que ela me proíbe no excesso de liberdade.

A visita se acomoda ocupando meu travesseiro, sinto seu cheiro e o encaixe das rimas..., agora sorri dizendo:

– Ei, isso não fui eu que te induzi...

Tá bem, não mandou, mas inspirou. Bem assim.

Palavra viva. Viva a palavra.
Um Salve às visitas inesperadas.

Fátima Farias

Prefácio

A fauna e a flora de Fátima Farias

Antologia tem por definição primeira o estudo das flores. E também é um conjunto de poemas escolhidos. Para reunir estes que aqui estão levou um bom tempo. Uma vida. Uma vida bem vivida! É que nossa poeta escreve diariamente. É uma fábrica de poemas. E também compõe sambas, herança de seu pai, o também poeta Estanislau Farias.

Pousando de flor em flor, como uma abelha-operária, Fátima foi colhendo o néctar dos poemas. Bebeu nas fontes da poesia brasileira e seus arquitetos das palavras. Até que encontrou uma roda de poesia negra. Ali, num reencontro consigo mesma, começou a produzir o mel, os poemas, os sambas.

Esta mulher de múltiplos talentos também é uma cozinheira de mão cheia. E como disse o escritor moçambicano Mia Couto, "cozinhar é um modo de amar os outros", e é assim que Fátima conquista o coração e o estômago de quem a conhece. Uma mãe e avó zelosa que está sempre envolvida com o afeto e a inspiração. Entre um tempero e outro, ela pausa para escrever versos. Foi na poesia que encontrou companhia! Entre um gole no chimarrão e um olho na panela, cantarola seus sambas. Essa cozinha tem aroma! Fátima nos dá água na boca!

Na busca de suas origens, luta por um mundo melhor. Para si, para seus filhos e para seus netos. Da cabeça começaram a brotar crespos e turbantes, acessórios de beleza negra. Ela tem como proteção os Orixás femininos, nossas Yabás! Esses seres de luz são a fortaleza das mulheres negras. Mulheres de todos os tipos e formas que aparecem nos poemas de Fátima. Mulheres livres!

O mundo gira na passagem do tempo, e de roda em roda Fátima chegou ao Slam. Uma batalha de poesia na rua. Ali tudo virou potência! Atenta ao que se passa no cenário do país, ainda desfavorável à população negra, Fátima se encontrou com versos afiados que cortam como lâmina a realidade aparente. Escola de poesia. Escola da vida. A lição? Não se calar! Jamais!

"Pois de amor andamos todos precisados", sentenciou o poeta itabirano Carlos Drummond de Andrade, e infelizmente a necessidade só aumenta...

A poeta vai buscar em suas paixões o que chamamos de amor romântico. Mas também aprendeu a exercitar o amor incondicional. O amor fraternal. O amor às causas. O amor em sua essência. Esse é o mel perfumoso! E o amor erótico? Esse pega fogo!

Esta abelha-rainha não se contenta só com flores. Foi buscar em África uma palmeira que produz um óleo chamado dendê! Vem do dendezeiro. O azeite que melhora tudo. Lubrifica nossas arestas, nossas articulações, dá liga aos alimentos e frita nossos inimigos no fogo amigo. Nos prepara para as batalhas diárias que temos que enfrentar.

Ser mulher artista é uma ousadia ainda! Ter voz, poetizar, pegar o microfone e cantar são atos de coragem, mas com o axé do mel e do dendê a gente consegue!

Misturando mel e dendê, tudo fica mais gostoso. Tudo combina.
Misturando mel e dendê dá samba!
Misturando mel e dendê dá poesia!

Se delicie com esta antologia poética da rainha Fátima! Poesia para matar a fome da alma e nutrir o coração! Voa, poeta!

Ana Dos Santos,
professora e poeta

Um Salve a todas as portas
que encontrei fechadas
me forçando a ver as janelas abertas
e me ensinado a usar altas escadas.

ALMOÇO PRIVÊ

Na cozinha teu abraço
me esquenta enquanto amasso
as batatas do purê.

É tão bom sentir teu cheiro
misturado com o tempero
do nosso almoço privê.

Tens o gosto de pecado
e chegas sempre calado,
faz da receita eu esquecer.

Deixo o fogo bem baixinho,
me entrego a teus carinhos,
misturo devagarinho
meu mel com o teu Dendê.

UM PERFEITO AMOR

Que tal fazermos um trato?
Eu faço a janta
tu lava os pratos
depois fazemos assim,
eu cuido de ti
e tu cuida de mim.

Me prometa ser galante, respeitoso
e elegante
que prometo ser calminha, ser fiel
andar na linha
Passear contigo ao lado
chimarrão lá na pracinha.

Como é lindo nosso amor
Eu te dou um beijo
tu me dá uma flor
Dormir a teu lado
contigo acordar
Que alegria te adorar.

Vamos pagando a promessa,
lado a lado sem ter pressa.

Pois o tempo, meu querido,
às vezes é traiçoeiro
Nunca avisa
quem vai morrer primeiro.

BATE-PAPO INFORMAL

Um bate-papo informal
na solitária cozinha
seria até normal
se a moça não estivesse sozinha.

Um omelete de queijo
arroz feijão abobrinha
frango com molho ervilha
colhidas da horta agorinha.

O aroma vai lá longe
para provocar a vizinha
Com tantos ingredientes
como estaria sozinha?

Em um bate-papo informal
ela cozinha, cozinha.

PÃO E POESIA

É que às vezes
sou *pão-eta*,
ponho a mão na massa
o ato me completa.

Em outras vezes uso a faca
não para ferir,
picando temperos tenros e verdes,
com eles me alimento.

Nasci poeta,
poetisa como queiram
Não me acho bandida
cuidando da alface, couve
para depois transformar em comida
de forma egoísta e apetitosa.

Ah, tudo é verso,
tudo é prosa.

É que às vezes sou pão
Sovado crescido
Sou sangue
Sou luta
Sou mulher Preta que produz.

Uso o que vem de dentro,
me foi plantado lá atrás
bem no passado.

Finjo às vezes estar contente
para não espalhar tristeza,
pois sei que sou presa todos os dias
Presa e alvo de balas perdidas.

Sovar o pão é ação
Não deixa o ódio atingir meu coração
Não tá fácil, não
E assim me vou
E assim vamos.

Sou
Somos mulheres em ebulição
faca na couve
caneta no papel
a massa na mão.

Poesia alimenta
Igual pão.

COZINHAR SOLIDÃO

Cozinhar solidão
Fazer dela um prato apetitoso
feito arroz e feijão
Misturar tempero
alho cebola coentro e manjericão
Depois mexer
Mexer com vontade
cantando uma canção.

Cozinhar solidão
até que essa mude de função
Serei eu sua dona
Ela não será mais uma maldição
ou perturbadora
Andaremos juntas
daremos as mãos
uma respeitando da outra a posição.

Quando pronta a receita,
um suspiro profundo
Pura satisfação
Ex-solidão se fez plenitude
Há quem mude de atitude
transformando em companheira
quem há pouco tempo
era cruel assombração.

ANCESTRALIDADE

Essa tua cor chocolate
temperado a melanina,
coração negro que bate
faz apaixonar
fascina.

Esse cabelo tão black
macio no crespo que é
Entregue, tu és meu Negro
e eu
tua Negra mulher.

Tem sido assim todo dia
Chocolates se misturam
Negros corpos entrelaçam
Aromas afro circulam.

Nossa ancestralidade
responsável sei que é
por esse amor doce e quente
Tu meu Negro
e eu
tua Negra mulher.

QUERO FALAR

Quero falar
E que minhas palavras
não sejam caladas
alvejadas por gás
balas de borracha
balas de verdade.

Que minha fala
não seja silenciada
pelas fardas
liberadas do sistema
para nosso extermínio.

Quero falar
Preciso
Estou nesse mundo
Por aqui vivo
Vivo a vida que pulsa
teima e reina nas chances diárias
de um novo bom dia.

Quero falar em meu nome
Em nome de muitas que calaram
pelas injustiças
Quero falar
pela pele preta
pela mulher preta
pelo homem preto.

Quero desviar o alvo dos rifles
para o céu
e pedir justiça
Justiça para o povo meu
Justiça
Pois não suporto mais morrer
todos os dias.

MULHERES VESTEM TURBANTES

Mulheres Negras vestem turbantes
azul rosa amarelo branco
verde-mata virgem.

Mulheres Negras são cicatrizes
de dores lá do passado
Carne barata pesada a quilo
vendida no mercado... branco
Negro era e é o produto.

Mulheres vestem história
na memória
na pele escura
nos livros não mostrados
livros não vendidos
no mercado... branco.

Mulheres Negras trazem sorrisos
que cortam como navalha
o olhar do racista... branco
que por ali passa
Faz graça e pouco caso.

Mulheres Negras são terra
mar
rio
raio
floresta
céu
chuva
e toda natureza.

Mãos dadas sem luvas
energia espalhada no Axé
Nosso turbante
nossa coroa
nossa história
nossa fé.

ROMPENDO BARREIRAS

A Preta saiu da senzala
os cabelos não alisa mais
Resolveu abolir as mordaças
Escravidão ficou lá atrás.

A Preta foi estudar
se armou com uma caneta
Entendeu que sua história
contada pelas mãos brancas
era *treta*.

– Preta, Preta
não provoca
Tu tá aqui só pelas cotas.

A Preta não deu ouvidos
sorriu, colocou
na mochila os livros
e saiu bem contente.

Ser preto é ser gente,
sente?

Resistiu
Se aprofundou na sua história
Tinha dados guardados
na memória
Frases
olhares de reprovação.

– Aqui não é teu lugar, não.

Sai pra lá , seu vacilão
Também sou dona desse quinhão
Não encosta a mão em mim, não.

A Preta fez da caneta
sua arma mais poderosa
Cada frase que escrevia
se transformava em prosa.

Ah, Preta, Preta
tu tem a alma poeta.

Resiste
Insiste
É teu cada canto dessa cidade
Deixa o branco falar
Lugar de preto
é sim na universidade.

Deixa, deixa
vá em frente
mulher guerreira
doutora
professora
poeta
atleta
Sorria e faça festa,
só mesmo sendo atleta
para desviar com sucesso
das balas perdidas
na testa.

POESIA NEGRA

Era uma poesia linda e negra
Subia a ladeira sem qualquer sacrifício
Trazia em si a certeza
de estar do lado certo.

Em sua memória
palavras também negras
escritas no chão com carvão.

Nas mãos o M de Maria.

Ela subia
Subia a ladeira sem cansaço
Desembaraço nos passos firmes
Sabia, tinha certeza
que sua beleza
estava além dos versos negros.

Lembrava Conceição Evaristo
Subia sem riscos.

Na metade do caminho
já sorria,
sorria e cantarolava
Seu corpo balançava
em um Jongo ancestral.

Pensava e desenhava o caminho,
ia assim, coração em desalinho
Conhecia muito bem as curvas da ladeira.

Não era a última,
não seria a primeira.

Ela era poesia em versos negros
guardados na memória
Era ela a viva História.

 ## SE EU MORRER HOJE

Eu poderia morrer hoje
Não faria falta alguma
Seria menos uma na lista negra da história
escrita por mãos brancas
com tinta cor vermelho-sangue.

Morreria hoje,
seria lembrada
por alguns dias
até porque
tem que pagar pra morrer.

Se eu morrer agora de bala perdida
encontrada ou do coração
será normal.

Também,
diriam alguns,
ela morava na favela,
ali só mora marginal
O que fazia na rua
àquela hora?

Morrer
morremos todos os dias
como Marielle
que morreu sem morrer.

Morrer assim é só detalhe
Nesse mundo branco carente de paz
Paz que também é branca.

Então decidi
que não vou morrer agora
Vai ficar tudo bem
Tudo trilegal
Eu vou pro sarau contar histórias.

Porém, se eu silenciar
de repente
encontrarão
vasculhando meus escritos
a certeza e a beleza de não morrer,
ou não viver em vão
Encontrarão os gritos
que não tive como gritar
por falta de tempo.

A luta não para
Se eu morrer hoje,
serei uma a menos na multidão
Só que sementes
de palavras negras
brotarão desse chão.

PELA FAVELA

Hoje, indo para o trabalho
(Sabe? Eu moro na favela)
encontrei com muitas Marielles
Marielles de toda a cor
cabelo black, coloridos
sorrisos sorrindo
a todo o vapor.

Cabelos cacheados, lisos
um amor
Sorrisos longos
cheios de esperança
A luta nunca cansa.

Além de mim,
encontrei, sim
muitas Marielles
Umas com filho no colo
umas com filho no ventre
algumas com filho pela mão
alegres e contentes.

Tão iguais que eu quase gritei:
Marielle!
Marielle!
achando que era ela
Ops!
me equivoquei
Enlouqueci e nem notei.

Em meu ouvido
uma voz rouca
falou bem baixinho:
não chorem
não chorem
não chorem mais, mulheres
chega de choro
Vamos em frente
que atrás vem gente!

A voz, sim
para mim
era de Marielle.

Essa luta nunca vai ter fim.

Poesia é semente
Se encontrar alguma em seu caminho
não esqueça de regar.

Não sou dona
da minha arte
Dono é o mundo.

E do mundo
simplesmente
faço parte.

Se a fonte secar
restará a semente
Às vezes dói ser tão presente.

Esse amor que não deu certo
que me sirva de lição
Flores mortas são adubo
depois que caem no chão.

PIMENTA-DE-CHEIRO

Às vezes pimenta-de-cheiro
às vezes mel e dendê
Um dia estou sem tempero
no outro pago pra ver
Sou assim em desalinho
descontrolada e louca
Todo amor... bem-vindo
Alegria é sempre pouca.

Assumo minhas fraquezas
e nunca fujo da culpa
Não sou prendada ao extremo
e quando quero sou culta
Em versos de poesia
me desprendo das algemas
onde me condena o mundo
a leves e duras penas.

Sou mulher
assumo a casa
Negra forte com orgulho
Tenho no passado minha raiz
Na raiz quero o futuro.

Em se tratando de coragem
me sinto bem prevenida
Posso vencer uma guerra
com palavras a caneta
e experiência de vida.

DAS MULHERES QUE AMO

Minha avó índia
Tranças longas caíam em seus ombros
Benzeduras em tom baixinho,
com pedras de carvão em brasa
A saudade às vezes me visita
fazendo sentir de perto o cheiro de arruda e alecrim
Minha avó era assim, o mais resumido possível
de uma mulher gigante
Pariu meu pai.

Minha mãe
Nome Maria
Linda, doce, um rio de paciência
submissa a esse homem parido por minha avó
Minha mãe era assim,
tal a grandeza e dedicação
não encontro palavras
apenas lembranças e emoção
Pariu a mim mais cinco irmãos
Não é mole, não.

Minha filha
Mulher guerreira, empoderada
segue firme e não se abala com nada
Transparente, sorridente e cordial
jovem com uma longa estrada
com muito para conquistar
Pariu uma outra mulher, Luísa.

Luísa
Dedicada e companheira
menina inexperiente
tem muita estrada
muito bem acompanhada.

Mulheres e despedidas
Um pouco deixam saudades,
outro pouco pulsa a vida.

PLENITUDE

Me deixe aqui
em silêncio
em minha companhia
Assim...
sem compromisso
Posso fazer aquilo
isso
ou o que eu quiser
Coisas de mulher
São fases
me deixe aqui em paz
Se vai
se fica
tanto faz
deixe
é minha culpa
Sou adulta
Sei bem o que é tristeza
Não posso aceitar que me mudes
O que chamas solidão
eu chamo de plenitude.

MEU CABELO

Meu cabelo quando cresce,
vai direto para o céu
É um universo de pretitude.

Ele tem atitude
Não se deixa disfarçar
fica como combinamos
nunca brigamos.

Dele nunca me queixo
Não canso de sua crespitude explorar.
Alguns chamam de ninho
sim, ninho de passarinho.

Porém, é identidade pura
que perdura
Prefiro dizer que
ao invés de ninho de passarinho
meu cabelo é porta aberta para
afagos, cafuné e carinho...

DAS MUITAS VIDAS

Existem mesmo muitas vidas?
Estarei na minha primeira?
Sou aprendiz verdadeira
Sei que da vida sei nada.

São tantas pedras perdidas
apedrejadas pela vida
mãos calejadas do lápis
acenando despedidas.

São tantas vidas diárias
aparando as muitas falhas
valorizando medalhas
que me fogem entre os dedos.

Sou revestida de luta
Sinto o peso da labuta
que afasta meus medos.

São vidas tão divididas
São machucadas feridas
e tantas são as partidas,
incontáveis são os versos.

Se existem muitas vidas
esqueci, não sei dizer
Presente já é passado
O futuro, hoje vai ser.

Me prendo no vão do tempo
pois não há como fugir
Daqui remeto mensagens
contando o que vivi.

Pois as vidas logo passam
mesmo sendo verdadeiras
Se existem muitas vidas
estarei na minha primeira?

VERSOS LIVRES COM SENTIDO

Não se morre por amor,
por amor jamais se mata
A sede que a dor provoca
o próprio amor maltrata.

Já que a saudade é pranto
na escuridão da ausência
o amor é que acalanta
sufocando cruel presença.

A vida é sopro divino
Sopro final é a morte
Que seja eterno o sonho
de buscar a própria sorte.

Às vezes a vida é poesia
ou simples rabiscos sem sentido
Pois que sejam versos livres
buscando aqui dentro abrigo.

LADO ESQUERDO

Do lado esquerdo do peito
mora um senhor batedor
O pulso bate insistente
acompanha com fulgor.

Bate lata, bate palmas
As mãos saudando a vitória
Também bate uma saudade
de alguém que foi embora.

Bate no couro esticado
samba de Partido Alto
Bate corda na viola
e bate pé no asfalto.

Bate palmada na bunda
do menino malcriado
Ops... isso hoje não pode
dizem que é pecado.

Bate a roupa na pedra
Negra linda lavadeira
Canta um canto batendo os dentes
lembrando a raiz verdadeira.

Bate-bate, lado esquerdo
em ritmo acelerado
enquanto deslizo os dedos
em versos desritmados.

MARCAS

Trago do passado
marcas ainda recentes
Pulsos ainda ardidos
pelas algemas
e correntes
Lábios ainda dormentes
pelas constantes mordaças.

Tenho na alma
gritos de desespero
Navio Negreiro existiu
ou foi um pesadelo?

Trago
em minha memória
tua branca falta de humanidade
Crueldade com chicotes
Desumano racista
Consciência ausente.

Minha história te cala
Não suportas minha fala?
É que tenho sangue
de Zumbi e Dandara
Muito respeito, seu moço branco
quando for falar de nós.

Das correntes
ainda não nos livramos
Estamos desatando
os nós.

Minha história te cala
Te surpreende minha fala
É que às vezes sou Zumbi
outras vezes sou Dandara.

BAGAGEM

Então
me culpas pela distância que nos afasta?
Pelo tempo que se arrasta
querendo não passar?

Me culpas pelo passado
que hoje se faz presente
assim tão de repente
refletido em meu olhar?

Me culpas por tuas dores
idas e voltas
por teus remorsos e temores
Me culpas por eu não me culpar?

Que tanta culpa colocas em minha bagagem
quando te faltou coragem de ao menos
tua culpa oculta desculpar?

O AMOR AOS OLHOS DA POETA

Falar de Amor sem saber o significado
é complicado.

Alguns dizem
– Amar não é ficar todo dia grudado.

Outros dizem
– Como te amar se não queres ficar
noite e dia ao meu lado?

Amar, nem sabemos
o seu real predicado
É uma resposta pessoal
que cada um saberá definir a seu modo
Um amor para cada um viver
e esperar o resultado.

Amor de fato (para mim)
é um sentimento inventado
Só é real quando não experimentado.

Se de fato acontece nos assusta
nos prende em liberdade assistida
nos deixa desesperadas.

O Amor pessoalmente
nunca me foi apresentado
já que não é pessoa
e sim um Ser imaginado.

Que complicado na mente poética de alguém
que se encanta vendo Amor por todo lado.

Mas sentir o Amor é bem demorado
Em mim ele bate rebate
eu devolvo em versos
e fica dado o recado.

Amor na verdade é semente interna
que floresce todo dia
Mesmo quando achamos não amar...
eis o dito-cujo aqui vivo e presente.

VAZIO

Quando não houver mais nada
ao longe vazia a estrada
dentro de mim desmaiada
a vontade de aprender
confesso sinceramente
não estarei mais presente
Ao invés de ser ausente
prefiro mesmo é morrer.

O AMANHECER

O dia clareia o céu
O orvalho como véu
umedece a roseira.

O sol suave se aproxima
Faz poesia com rima
nos galhos da laranjeira.

TEUS VERSOS

Esses teus versos
que me chegam em forma de abraços.

Flores são as letras
que guiam meus passos.

Poema é vida
onde me embaraço.

Ah, esses teus versos
que me chegam em forma de abraços.

VISITA INESPERADA

Quando me visita a tristeza
e se posta em minha mesa
qual cardápio de primeira
estudo a danada com jeito
e apesar do aperto no peito
a trato como companheira.

A tristeza nada tem de esperta
É vaidosa, se acha completa
de autoridade e razão
Me diz em olhar silencioso
que eu a chamei aqui em casa
Diz que sou culpada da situação.

Continuo olhando para ela
estudando a donzela
que se sente assim tão rainha.

– Tristeza, não seja ingênua
A cegueira te faz tão pequena
Me faz rir tua falta de noção.

Quando a tristeza se cansa
vê que comigo não pode
sai quieta sem dizer palavra
Eu continuo olhando
em meu pensamento montando
o poema que ela trouxe.

Tristeza, dona senhora
bate a porta e vai embora
me deixando sorridente.

Abandono o lápis na folha,
respiro profundamente
Em mim funciona assim
A tristeza a cada visita
me deixa bem mais contente...

NO VIADUTO

Embaixo do viaduto
jazia um corpo negro
Não sei se dormia... não sei
mas ali o corpo estava
Imóvel se encontrava.

Como ser indiferente
a tantos corpos jogados ao léu?
Como se fosse o viaduto
um pedacinho do céu.

TEIA

Não me prenda em tua teia
O sangue que tenho nas veias
pulsa direto paixão.

Não me tenha como escudo
Sou apenas o descuido
da vida em transição.

Não me prenda em teu poema
Se sou o teu tira-teima
por que me negas perdão?

FIM DE TARDE

Foi a tarde
Cai a rua
e a esperança não vem
A paz se foi na canoa
mar afora
para o além.

Fim de tarde
tudo chora
Em volta, descaso
desdém.

A bonança vai embora
fica o futuro
sem um vintém.

Fim de tarde
a noite ronda
Reclama sossego e calma
porém em dias difíceis
a dor corrompe a alma.

Na imagem ilusória
quem luta nunca alcança
Na verdade, o que temos
é essa desesperança.

Onde estão os heróis
que prometeram nos salvar?
Os armados para a guerra
que vinham nos resgatar?

Foi a tarde
e a esperança,
foi tudo o que imaginei
Ficaram sinais de alerta
pedindo um triste vintém.

QUERO SER AMIGA DA MORTE

Quero ser amiga da Morte
Adicionar no facebook
messenger e instagram
Além de amiga
serei também sua fã.

No mural da dita-cuja
escreverei todos os dias uma frase de efeito
(como se tivesse jeito)
– Só venha quando for chamada.

Sei que vai rir a danada
do meu inocente pedido
Não fará um alarido
mas ficará a pensar:
– Não serei indelicada
se for buscá-la sem ela chamar?

Quero ser amiga da Morte
e talvez se tiver sorte
ela será compreensiva.

Quando vier (o que é fato)
me levará por uma estrada florida
Assim como as que têm na vida
Rosas violetas margaridas.

Serei amiga da Morte
Não sei se hoje
um dia
(já que não tenho escolha)
ela virá com certeza.

Sendo amiga é mais fácil
Terei ao menos confiança
Irei para a eterna dança
sem ousar de rebeldia.

BOA DE PROSA

Dizem que sou boa de prosa
É genético esse prosear com a vida
e com tudo o que me rodeia.

Espio daqui uma abelha
que zumbizeia, zumbizeia
(não sei se é assim que diz)
Mas penso que seja uma abelha feliz
em voo doce qual seu mel
Por nada já ando a falar com a flor
que tímida pelo frio do outono
tarda a abrir de toda.

Todo dia é dia de prosa
Até a prisão é prosa
a dor
a falta de amor que nos rodeia
o menino pés descalços
o peão
a falta de pão.

A escravidão
é prosa em banzo diariamente.

Um dia serei a prosa viva
Quem sabe tema
para algum poema.

DAS MÃOS

De suas mãos brotam palavras
que nascem nas pedras frias
transformadas em muros
que dividem mundos.

Das mãos da periferia,
palavras invisíveis
não lidas ou ouvidas
apenas escritas.

Nascem versos revoltosos
que fazem temporal virar brisa
Ameniza
Acalma.

É Poesia e Alma.

SOU POEMA

Sou o poema
Não te penalize
se me encontrar por aí solitário
Às vezes para cortar caminho
uso atalhos
e posso em algum deles te encontrar.

Se acontecer
(pode acontecer, tudo pode nessa vida)
então que disfarcemos
Não te falo nada
e nada tu falas a mim
Deixemos assim
Que o tempo se encarregue do resto.

Sou só poema
e presto apenas para incomodar
ou acomodar palavras soltas
loucas de tanto sofrer indiferenças.

Nem todo poema é como eu
nem todos agem assim
com tanta leveza.

Outro...
te faria presa no atalho
sem qualquer trabalho
feito estaria o estrago
Por isso sou leve
Vou deixar que o vento te leve
para bem longe de mim.

Sou só um poema
e se um dia me encontrares por acaso
não faça caso
Simplesmente disfarce
Segue teu caminho
que eu,
poema
seguirei sozinho.

CAFÉ COM BISCOITO

Quero te mandar
para bem longe daí
Até aqui em casa
são oito horas de viagem.

Venha de ônibus
na janela apreciando a paisagem
Prometo
Te espero com café quente e biscoitos
Que vontade de te ver
bem longe daí.

Que lugar sombrio
esse onde tu moras
Não entendi até agora
o que te afastou assim
O que te levou de mim.

Que vontade de te esperar
lá na beira da estrada
Onde o ônibus faz a curva
tem um rio cheio de pedrinhas.

Desce ali.

Até o rio são seis horas
Até minha casa, oito
Você escolhe
As pedras do rio
ou café com biscoitos.

PÁGINA 3

Algo em ti me fascina
(não sei o que é)
Como poema
com ou sem rima.

Encontro furtivo na página 3
do livro não publicado.

Rascunhos, rabiscos
gostos não experimentados
Teus olhos nos meus
grudados sem piscar
como se estivéssemos lado a lado.

Sem riscos
Se não existe não é pecado
Se insiste tá dominado.

Algo em ti me conquista
(não sei o que, mas tenho pistas)

Marcas de pés e mãos
piscadas de luz
estrela cadente
Às vezes, um sopro quente
Rabiscos, rascunhos
pensamentos.

Algo em ti me fascina
Não sei se é passado
futuro
Sei que está presente.

Num piscar de olhos
agora página 4.

Magia
Se o livro não foi publicado
ou escrito
acho que o que me fascina é isso
Saber o final
sem ao menos ter vivido o início!

CHÃO E GIZ

A mulher no chão com giz
risca sua história
Até a próxima chuva.

Sua história é luva que veste as mãos
calejadas de luta
Até a próxima chuva.

A mulher nasceu fazendo história
desde o útero
mesmo com o luto que a inviabiliza.

Ela faz da brisa temporal
e aparece até na sombra
sem ser dita
falada ou mencionada.

Ela lá está
escrevinhando no chão
às vezes com giz
outras com carvão,
nas paredes
ou em sua própria pele.

O ONTEM JÁ PASSOU

Tenho tantas ideias guardadas
emoções começadas
Queria que fosse ontem
mas o ontem já passou.

Tenho páginas rabiscadas
janelas ainda fechadas
palavras não faladas
Queria que fosse ontem
mas o ontem já passou.

Tenho mãos que não foram dadas
receitas não experimentadas
vazios nas madrugadas
poesias em vozes caladas.

Tenho tudo e nada
Pois foi ontem
e ontem já passou.

DE LAGARTA A BORBOLETA

Fatos são fatos
Crises são crises
Luta é luta
Sementes serão raízes.

Flores são flores
Perfume é perfume
Ave voando no céu
também pode ser vaga-lume.

Asas são asas
Chuva às vezes é tempestade
O cedo é cedo
Amanhã pode ser tarde.

Prisão é prisão
Liberdade se busca
O brilho do outro
nossa luz não ofusca.

A paz é utopia
Sonho em todo planeta
Real é uma lagarta
se transformar
em uma borboleta.

MINHA ARTE

Minha Arte não é fazer poesia
compor versos ritmados
encaixar com a melodia.

Minha Arte é plantar sementes
lá dentro em terra quente
onde bate o tum, tum, tum.

Minha Arte é chegar ao vivente
um a um.

INSTRUMENTO

Sou instrumento disponível
do qual se apropria a palavra
para mandar poesias, recados
sem censura ou pecado
aliviando dores
aquecendo corações.

Não sou oito
Sou oitenta.

Tenho lado escolhido a dedo
Palavra sem medo
lutando por um mundo melhor
e humanizado.

LEIA-ME

Leia-me com fervor
que lendo-me
te fascino
Sairás igual às folhas
voando em desalinho.

Após ler-me
te encanto com a magia das letras
Tão leves serão teus sonhos
como voam as borboletas.

DEVANEIOS

Já foste meu pesadelo
em certas noites de angústia
onde o amor e o ódio
travavam cruel disputa.

O despertar assustado
mostrava-me o mundo real
onde não eras meu bem
e muito menos meu mal.

Quando nas noites sem sono
se aproxima o devaneio
disfarço entoando versos
o que me livra do anseio.

Por mais distante que estejas,
ainda me causa fissura
o teu olhar envolvente
que por certo sonolento
meu olhar ainda procura.

Objetivo da poesia
Fazer do ser
um ser pensante
Serei eu uma pensadora
ou da poesia
amante?

Há quem tenha olhos
para não ver
Mente para não pensar
Um amor para não querer
Vida para desperdiçar
E tempo
apenas para deixar passar.

A vida é uma trilha sonora
Alguns mi-mi-mi chegam a dar dó.

Era poesia vestida de nada
Nada nas mãos
Nada
Quando abri a porta
vão de luz colorida
Sala invadida
Letras faiscantes e nada
Nada mais foi
como antes.

Meu poema não é meu
É do beijo beija-flor
Às vezes dor
às vezes amor.

Nem tudo são flores
ou espinhos
Nem tudo são dores
ou carinhos
Nem tudo são atalhos
Às vezes
são caminhos.

DOR

Minha dor ficará trancada
a sete chaves
em um cofre de concreto
por séculos.

Não verá a luz do sol
não sentirá pingos de chuva
ou o brilho da lua.

Ficarei sozinha
sem dor.

Eu cri-a-dor
A dor criatura.

CHUVA REPENTINA

Se cada passo é um caminho
cada tombo é um aprendizado
Se cada abraço é um carinho
cada silêncio é um não disfarçado.

Se cada conto é uma história
cada vírgula é um tema
Se cada erro é pecado
cada rima é poema.

Se cada história é vida
cada salto é vitória
Se cada prato é comida
cada saudade é memória.

Se cada mentira é pecado
cada verdade, oração
Se cada adeus é glória
cada desejo é paixão.

Se cada canto é alegria
cada romance, um pedaço
e cada vez que me perco
são poucas as vezes que me acho.

É tanto *se* neste texto
que quase perdi a rima
Em se tratando de tempo
relampejou e saí do clima...

COZINHANDO PALAVRAS

Em minhas receitas
sempre exagero
devido ao desespero, fome.
Aí vem a fome.

Fome do justo julgamento
Então, abuso do sal
para combater o mal da sede
Sede de saliva
saliva de vida
Saliva saliva.

Abuso da pimenta-malagueta
pimenta-do-reino
Reino sem trono
Abandono.

Em minhas receitas
sempre tem o abuso
o uso demasiado do palavreado
apelidado de carência.

Sempre falta algo
Se sobra é rima de verso
Em minhas receitas todo dia
apesar dos pesares
tem Poesia.

Escrever e cozinhar
são sinônimos de alquimia.

EXERCITO A MENTE

Exercito a mente e penso
Somo, subtraio e multiplico
repetindo a tabuada decorada
lá do tempo primário.

Sim, era assim
Tabuada decorada
maçã para a professora
com licença
obrigada
até logo.

Exercito a mente
riscando verbos
e os conjugando
em muitos tempos.

Meu tempo preferido
é o presente
agora
o já
Já que o mesmo
será ontem amanhã.

Louco isso.

Então não há de verdade
tempos muitos?
O tempo é um só
O presente.

Exercito a mente
repetindo
Nunca o mesmo
pois no próximo segundo
nem eu sou a mesma.

Exercito coisas banais
Exercito o exército
que luta dentro de mim
e o educo para simplesmente
não enlouquecer.

IDEIA

A ideia é o ato
concordância ou desacato
Ela me acha ou eu a cato
no fundo do pensamento.

É alimento
e me alimento da dita-cuja
até achar argumentos
e que estes me convençam
de que ela é uma ideia.

Nunca sei qual a moral
É só uma ideia
que se encontrava dormindo
em sonho construindo
quem sabe um mundo melhor.

Eis que a ideia me acha
Risca rabiscos nas folhas
Já que estou fora da *bolha*
ela quer se comunicar.

Feito preceito
a ideia materializa
Eu chego a sentir a brisa
de suas asas a voar.

Volta para casa, Ideia
Vai descansar.

RELENDO CAROLINA

Invadindo amigavelmente sua história
posso ver sua imagem
Mulher Preta,
com seus escritos na mão
pedindo atenção sem ser vista
notada
reparada
ou ouvida.

As vestes simples
A cor de pele escura
Vida dura, Carolina.

Carolinas
muitas Carolinas
Vivas e presentes
no dia a dia das mulheres.

Releio sua história
e com ela aprendo
o pouco que consigo
pois precisa sabedoria
para entender tanta humildade.

Essa Mulher passou o bastão
Veio com uma missão
Cumpriu magistralmente.

Relendo seus poemas
me vejo na sua cor
na sua luta
em seus cadernos
sua labuta.

Me vejo a mãe
Me vejo a filha.

Vejo a Mulher que em mim habita
Traços idênticos e paixão pela escrita
Identidade Negra.

Necessidade de mostrar
além dos versos
a alma
descrita divinamente
por essa Mulher
Preta retinta
e bendita.

PEDRAS RAÍZES

Que não sejamos como nuvem de fumaça
que vem forte e passa até sumir no céu
Escarcéu desnecessário.

Que sejamos outra vez sementes
renascendo do chão
segurando o rojão.

Árvore frondosa com galhos fortes
se espalhando nos espaços
em cada canto um pedaço.

Que sejamos um Baobá
cheio de histórias vivas
alegres e contentes
contando contos reais da gente.

Vou pedir em oração
para que sejamos livres
Pedras
Raízes
Sementes
Árvores
mas Livres.

POEMA DESAFORADO

Poema desaforado
Eu dormindo, ele acordado
Me observa entre os lençóis
Espera o momento de ficarmos sós.

Poema descompassado
Sem rumo
Sem rima
Desaforado.

Durante o café ele se descontrola
e pula para a folha de papel,
caderno aberto ali por perto
Se une a uma caneta
forma par
Desaforado.

Poema livre que é
deixa o recado.

REVOLUÇÃO POÉTICA

Poetar é tecer em fios delicados
letra a letra
ponto a ponto.

É arte no tecido papel
cordel
prosa
sentimento.

Poetar cada momento
na simplicidade do tempo.

De repente,
o vento
traz um verso completo,
um manifesto.

O poema escapa das mãos
se transformando em
Revolução Poética.

A LUA NUA

A lua com maestria
tira a roupa
se livrando de branco véu.

Vai no rio e reflete
um pedacinho do céu
O olhar de quem registra
fica cego a viajar
na beleza da imagem
que vem a lua formar.

Lua nua
Não é minha ou tua
A lua não é de ninguém
É de quem a avistar
Com olhares vai e vem.

Lua nua que se despe
totalmente embriagada
se transforma em poesia
no rio iluminada.

DIA DA SAUDADE

Essa senhora que reina
sempre em nossa lembrança
dizem que é companheira
quando se tem esperança.

De fato quase concordo
discordando em um ponto
Se o tempo já passou
por que causa às vezes pranto?

Existe saudade bonita
que nos provoca sorrisos
Os tempos bons que se foram
em nós encontram abrigo.

Há a saudade de amores
que passaram rapidamente
Muitos marcaram tanto
deixando muitas sementes.

Saudade
Difícil cantar em versos
por tão intensa que é
Resumindo me controlo
É um pedacinho de recordação,
fluindo em poesia
na alma de uma
Mulher.

UM CANTO SEU

Ela quer um canto seu
Pode ser pequeno
que caiba apenas a pessoa
e um vaso plantado, uma flor
O seu pedaço, seu canto
seu conforto.

Todos querem um canto seu
Um canto nobre
pode ser pobre
sem luxo
que tenha alegria
sol
paz
A borboleta na flor
A lua prateada
Que tenha amor.

Um canto que caiba seu sorriso
seu paraíso
seu abrigo
Seu abraço em seus próprios braços
Sua estrada em seus próprios passos.

E suas mãos,
ah, as mãos
Mãos nuas
calejadas e cruas
manuseando a massa de pão
o fogão o arroz e feijão
um cuscuz empurrando
o mal que vier.

Todos querem um canto assim
em dó ré mi
uma sala uma rede
um lápis um papel
um quadro na parede.

Todos querem e merecem brilhar
com sua própria luz
em um canto seu.

CEDO É TARDE

É sempre cedo
quando o dia amanhece
e quando anoitece,
tarde demais
Um dia é sempre pouco
para tantas lutas
tantos vendavais.

O tempo às vezes
se faz companheiro
se tornando cura para os ais
Porém, em um simples descuido
o sorriso é barco perdido no cais.

Se ontem foi cedo
caiu no esquecimento
Hoje poderia
ser tarde demais
mas fui esperta
e na carona do tempo
eis-me aqui
aguardando novos temporais.

O TEMPO

O tempo não cresce
É criança, não amadurece
Não envelhece ou sente.

O tempo mente
Gargalha de nossas falhas
Nos prende no passado de muralhas.

O tempo nos entristece
Sequer se compadece de nossas dores.

Ouvi rumores de que é mágico
Quando quer sabe ser trágico
Quando não,
nos engrandece em sorrisos.

Tempo real
tempo indeciso.

Uma história conta
que ele é um velhinho de barba branca

– Dona História, seja franca,
velhinho é quem o tempo usou
e envelheceu.

Ele é menino, sorri e passa
Às vezes se disfarça de versos
e entra no clima, só para criar rima.

Tempo de agora, eu menina
em ti me refaço
Mas num piscar de olhos
o tempo me puxa pelo braço
Faz a menina ser passado
em um só passo.

PALAVRAS

Palavras não são só palavras
São atos, fatos e credos
Palavras são medos
contidos que pedem crédito
Vivas a ponto de se direcionar
São momentos
que se fazem concretizar.

Palavras são seres exigentes
que moram dentro da gente
Na mente e em todo lugar
teimam em nos falar
A escrita remete nosso ambiente
O pensamento se faz semente
e a palavra seu germinar.

Palavras não são só palavras
São zelos e sentimentos
Quando não escritas,
nos saltam aos olhos
nariz
e ouvidos
querendo se comunicar.

Palavras independentes
que vivem apesar do vivente
às vezes saem a velejar
Criam rimas no infinito
e voltam quando nos veem aflitos
com a caneta em punho
para se concretizar.

OS CINCO SENTIDOS

Palavras adocicadas
se aproximam devagar
encostam em meu ouvido,
que ouve sem pestanejar
Quem pestaneja é o olho
que vê sem poder escutar
Logo palavras se fazem
quando o sentido mandar.

São frases adocicadas
com mel da abelha-rainha
inconfundível feitiço
tão do bem que acaricia
Palavras em meu ouvido
meu sentido a palpitar
meus olhos que pestanejam
meus lábios a sussurar.

Teu cheiro assim tão pertinho
que quase posso tocar
Os sentidos reunidos
fazem o corpo se entregar.

MULATA

Ela tenta disfarçar
me chamando de mulata
E eu tento explicar
– Esse termo me maltrata.

É claro, ela não entende
Diz até que sou *clarinha*
Piorou, querida amiga
– Sou negra do cabelo carapinha.

Preste muita atenção
ao chamar uma negra de mulata
pois o tiro, com certeza
vai sair pela culatra.

NEM TUDO É POESIA

Nem tudo é poesia
Às vezes são desabafos
atos de insatisfação
Existem escritos que são versos aflitos
gritos com fome de compreensão
Vontade de gritar bem alto
– Tá lá mais um corpo negro no chão.

Nem tudo é poesia
A dor nos deixa vazias
com vontade de matar...
Matar a dor
Matar o ódio
Matar o racismo
que mata todos os dias
um pedaço de nós.

Agradeço aos amigos poetas e não poetas
que me acompanham nessa caminhada.
Ao coletivo Sopapo Poético – Ponto Negro da Poesia.
À professora e poeta Ana Dos Santos.
À professora Letícia Gomes Farias.
Ao professor e poeta Gonçalo Ferraz.
E à rainha Inspiração que me acompanha desde sempre.
Um Axé a todos!

Fátima Farias

10 .... UM SALVE	36 .... PLENITUDE
11 .... ALMOÇO PRIVÊ	37 .... MEU CABELO
12 .... UM PERFEITO AMOR	38 .... DAS MUITAS VIDAS
13 .... BATE-PAPO INFORMAL	40 .... VERSOS LIVRES COM SENTIDO
14 .... PÃO E POESIA	41 .... LADO ESQUERDO
16 .... COZINHAR SOLIDÃO	42 .... MARCAS
17 .... ANCESTRALIDADE	44 .... BAGAGEM
18 .... QUERO FALAR	45 .... O AMOR AOS OLHOS DA POETA
20 .... MULHERES VESTEM TURBANTES	47 .... VAZIO
22 .... ROMPENDO BARREIRAS	48 .... O AMANHECER
25 .... POESIA NEGRA	49 .... TEUS VERSOS
27 .... SE EU MORRER HOJE	50 .... VISITA INESPERADA
29 .... PELA FAVELA	52 .... NO VIADUTO
31 .... POESIA É SEMENTE NÃO SOU DONA	53 .... TEIA
32 .... SE A FONTE SECAR ESSE AMOR QUE NÃO DEU CERTO	54 .... FIM DE TARDE
	56 .... QUERO SER AMIGA DA MORTE
33 .... PIMENTA-DE-CHEIRO	58 .... BOA DE PROSA
34 .... DAS MULHERES QUE AMO	59 .... DAS MÃOS
	60 .... SOU POEMA

62 .... CAFÉ COM BISCOITO	77 .... CHUVA REPENTINA
64 .... PÁGINA 3	78 .... COZINHANDO PALAVRAS
66 .... CHÃO E GIZ	80 .... EXERCITO A MENTE
67 .... O ONTEM JÁ PASSOU	82 .... IDEIA
68 .... DE LAGARTA A BORBOLETA	84 .... RELENDO CAROLINA
69 .... MINHA ARTE	86 .... PEDRAS RAÍZES
70 .... INSTRUMENTO	87 .... POEMA DESAFORADO
71 .... LEIA-ME	88 .... REVOLUÇAO POÉTICA
72 .... DEVANEIOS	89 .... A LUA NUA
73 .... OBJETIVO DA POESIA / HÁ QUEM TENHA OLHOS	90 .... DIA DA SAUDADE
74 .... A VIDA É UM TRILHA SONORA / ERA POESIA VESTIDA DE NADA	91 .... UM CANTO SEU
75 .... MEU POEMA NÃO É MEU / NEM TUDO SÃO FLORES	93 .... CEDO É TARDE
76 .... DOR	94 .... O TEMPO
	96 .... PALAVRAS
	98 .... OS CINCO SENTIDOS
	99 .... MULATA
	100 .... NEM TUDO É POESIA

Poche Libretos
Livros de Bolso

Os peixes, o vovô e o tempo / Letícia Möller
Vão pensar que estamos fugindo / Valesca de Assis
Luta + vã / Poemas de Álvaro Santi
A Vaca Azul é Ninja em uma vida entre aspas / Jéferson Assumção
Dora / Meire Brod
Elogio dos tratados sobre a crítica do discursos / Rafael Escobar
Babá, esse depravado negro que amou / Jandiro Adriano Koch
Incerto sim / Rafael Escobar

Fátima Farias

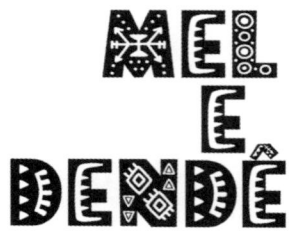

MEL E DENDÊ

Volume 9 da Série
Poche Libretos (Livros de Bolso)

Impresso na Gráfica Ideograf,
sobre papel pólen 80 gr/m²,
composto em Amerigo BT, em fevereiro de 2020.
3ª reimpressão em junho de 2023.